Inhalt

Rechnungszins - Niedrige Zinsen lassen Pensionsrückstellungen stark steigen

Kernthesen

Beitrag

Fallbeispiele

Weiterführende Literatur

Impressum

Rechnungszins - Niedrige Zinsen lassen Pensionsrückstellungen stark steigen

Annett Kaindl

Kernthesen

- Für viele Konzerne werden ihre Rentner zu einer immer größeren finanziellen Belastung.
- Die aktuell niedrigen Kapitalmarktzinsen lassen die Pensionsverpflichtungen nach oben schnellen.
- Konzerne hoffen auf eine Entlastung durch Lockerung der Rechnungslegungsvorschriften.

Beitrag

Wozu wird der Rechnungszins benötigt?

Unternehmen, die nach den internationalen Rechnungslegungsvorschriften IFRS (International Financial Reporting Standards) bilanzieren, müssen ihre Pensionsrückstellungen in der Bilanz mit dem Rechnungszins auf den Barwert abzinsen. Dabei gilt: Je niedriger der Zins, desto höher die Verpflichtung - und andersherum. Dieser typisierte Zins ist orientiert an hochwertigen Industrieanleihen. Zum Jahresende 2012 bewegten sich die Rechnungszinssätze für Pensionsverpflichtungen auf einem sehr niedrigen Niveau. Dies führte im Vergleich zum Vorjahr zu einem spürbaren Anstieg des Verpflichtungsumfangs in den Jahresabschlüssen zum 31.12.2012. (1), (5)

Der für die Diskontierung relevante Zinssatz soll sich nach IFRS an der Umlaufrendite hochwertiger Unternehmensanleihen orientieren, die die gleiche Laufzeit haben und in gleicher Währung lauten wie die zu bewertenden Versorgungsverpflichtungen. Unter "guter Bonität" wurde in den letzten Jahren mindestens ein "AA"-Rating verstanden. (3)

Neue Ermittlungsmethoden zur Bestimmung des Rechnungszinses?

Das stetige und signifikante Absinken der nach den IFRS ermittelten Diskontierungszinssätze für Pensionsverpflichtungen und der damit verbundene starke Anstieg der Rückstellungen hat eine breite fachliche Diskussion über die Ermittlung des Rechnungszinses in Gang gesetzt. Diese Überlegungen hinsichtlich der für die Zinsbestimmung zu verwendenden Datenbasis beziehungsweise deren Erweiterung sind noch nicht abgeschlossen.

Zusätzliche Brisanz erhält dieses Thema dadurch, dass einige Unternehmen verschiedene Initiativen mit der Zielsetzung gestartet haben, vom bisher allgemein üblichen Vorgehen (Beschränkung auf Anleihen mit einem durchschnittlichen Rating von mindestens "AA") abzuweichen. (1)

Bewertungsparameter für Pensionsverpflichtungen

Die internationalen Rechnungslegungsvorschriften verlangen, dass Pensionsverpflichtungen mit dem

Zins am Bilanzstichtag von laufzeit- und währungsadäquaten Unternehmensanleihen hoher Qualität zu diskontieren sind. (4)

Jedes Jahr sind anhand der am Bilanzstichtag geltenden Marktverhältnisse und Einschätzungen die für die Bewertung maßgeblichen Parameter zu überprüfen und gegebenenfalls neu festzulegen. Von größter Bedeutung im Hinblick auf die Höhe des Verpflichtungsumfangs und dem dadurch entstehenden Aufwand ist die Bewertungsannahme "Rechnungszins".

Hintergrund des sinkenden Marktzinsniveaus sind die Nachwirkungen der weltweiten Finanzkrise und im Besonderen die Auswirkungen der Eurokrise. Ein Kennzeichen der Eurokrise sind die zahlreichen Herabstufungen der Ratings der die (hochwertigen) Anleihen emittierenden Unternehmen durch die großen Ratingagenturen. Im Resultat führt dies zu einem deutlich verringerten Gesamtportfolio von am Markt verfügbaren Unternehmensanleihen mit einem durchschnittlichen Rating von "AA" oder besser.

Die Erosion der zur Bestimmung des Rechnungszinses zugrundezulegenden Portfolien hochwertiger Unternehmensanleihen und die Volatilität der Kapitalmärkte führen dazu, dass dem gewählten Verfahren zur Bestimmung des Rechnungszinses eine immer größere Bedeutung zukommt. (1), (3)

Rechnungszinssätze gemäß Standardverfahren

Die IFRS definieren den Begriff "hochwertige Unternehmensanleihen" bislang nicht genauer, aber in der Vergangenheit hat sich als nahezu weltweite Praxis die Verwendung von Schuldtiteln mit "AA"-Rating zur Herleitung der Rechnungszinssätze für Pensionsverpflichtungen durchgesetzt.

In dieser Hinsicht herrschte Konsens und Klarheit über einen langen Zeitraum bis sich Anfang 2012 eine völlig neue Situation einstellte: Eine Vielzahl von Unternehmen wurden von "AA" auf "A" herabgestuft. Des Weiteren kamen keine von "AAA" auf "AA" herabgestuften Unternehmensanleihen mehr nach, da es so gut wie keine "AAA"-Unternehmensanleihen mehr gibt. (4)

Durch die Ausdünnung des "AA"-Anleihenportfolios besteht die Gefahr weiterer plötzlicher Zinsrückgänge, und es ist vor allem insgesamt eine erhöhte Volatilität der aus "AA"-Titeln gewonnenen Rechnungszinssätze zu erwarten. Aus dieser Unsicherheit heraus haben sich in den letzten Monaten verschiedene modifizierte beziehungsweise alternative Zinsermittlungsverfahren am Markt herausgebildet. (1), (4)

Modifizierte beziehungsweise alternative Ermittlungsverfahren für den Rechnungszins

- Zinsbestimmung auf Basis der nicht aggregierten Einzelbonddaten

Das Standardverfahren beruht auf laufzeitabhängig aggregierten Renditebeobachtungen. In den letzten Monaten gewann eine Zinsbestimmung auf Basis der nicht aggregierten Einzelbonddaten zunehmend an Bedeutung. Dieses Verfahren führt unter den derzeitigen Marktgegebenheiten vor allem für langlaufende Verpflichtungsbestände zu deutlich höheren Rechnungszinssätzen als das Standardverfahren. (1)

- Erweiterung des Anleiheportfolios auf Bonds mit mindestens einem "AA"-Rating

Ein weiterer Modifikationsansatz des Standardverfahrens ergibt sich, wenn das zugrundeliegende Anleihenportfolio erweitert, aber die laufzeitabhängige Vorab-Aggregation von Renditeinformationen beibehalten wird. Während das Standardverfahren nur solche Anleihen in die Zinsableitung einbezieht, die im Durchschnitt aller von den verschiedenen Ratingagenturen vergebenen Bonitätseinstufungen ein "AA"-Rating aufweisen, ist es alternativ auch denkbar, alle diejenigen Schuldtitel zu berücksichtigen, die von mindestens einer anerkannten Ratingagentur ein "AA"-Rating erhalten haben. Dieser Ansatz verfolgt das Ziel einer behutsamen Erweiterung des verfügbaren Anleihenspektrums. Die Folge ist eine Reduktion der hohen Volatilität der abgeleiteten Diskontierungszinssätze. (1)

- Erweiterung des Anleiheportfolios auf Bonds mit einem Durchschnittsrating von mindestens "A"

Hinsichtlich der Erweiterung des für die Rechnungszinsableitung heranzuziehenden Anleihenspektrums wurde auch vorgeschlagen, noch einen Schritt weiter zu gehen und neben den Anleihen mit mindestens einem "AA"-Rating alle diejenigen Anleihen mit einzubeziehen, die ein Durchschnittsrating von mindestens "A" aufweisen. (1), (4)

Weitergehende Überlegungen gingen sogar noch einen Schritt weiter: Alle überhaupt mit einem Investment Grade versehenen Unternehmensanleihen können zur Bestimmung des Rechnungszinses verwendet werden. (3)

Trends

Eine abschließende Positionierung des IFRS

Interpretation Committees zur Auslegung des Begriffs "hochwertige Unternehmensanleihen" steht noch aus. Das Committee lehnte eine schnelle Entscheidung ausdrücklich ab. Stattdessen soll dieses Thema auf die Agenda des IFRS Interpretation Committee genommen werden. (1), (3)

Fallbeispiele

Der Rechnungszins gab zum 31.12.2012 gegenüber dem Vorjahr um 1,4 Prozentpunkte auf 3,35 Prozent nach. Das führte in den Bilanzen der Unternehmen dazu, dass die Pensionsverpflichtungen aufgrund der veränderten Diskontierung mit einem entsprechend höheren Zeitwert angesetzt werden mussten. Laut einer Modellrechnung des Beratungsunternehmens Towers Watson stiegen bei den DAX-30-Unternehmen die Pensionsverpflichtungen von 259 Milliarden Euro am 31.12.211 auf 317 Milliarden Euro am 31.12.2012. Analoges zeigte sich im MDAX, hier stiegen die Pensionsverpflichtungen um 7 auf nunmehr 41 Milliarden Euro. (2)

Weiterführende Literatur

(1) Betriebliche Altersversorgung im Jahresabschluss nach nationalen und internationalen

Bilanzierungsgrundsätzen
aus DER BETRIEB, Heft 51/52 vom 21.12.2012, Seite 2883 - 2888

(2) Niedrigzinsen steigern Last für Dax-Konzerne
aus Frankfurter Allgemeine Zeitung, 23.02.2013, Nr. 46, S. 23

(3) Rechnungszins und Inflationsrate für betriebliche Versorgungsleistungen im nationalen und internationalen Jahresabschluss zum 31.12.2012
aus Betriebs Berater Heft 48/2012 Seite 2999

(4) Bewertungsparameter für Versorgungszusagen im internationalen und deutschen Jahresabschluss 2012/2013
aus DER BETRIEB, Heft 45 vom 9.11.2012, Seite 2535 - 2537

(5) Konzerne hoffen auf Entlastung
aus Handelsblatt Nr. 236 vom 05.12.2012 Seite 018

Impressum

Rechnungszins - Niedrige Zinsen lassen Pensionsrückstellungen stark steigen

Bibliografische Information der deutschen Nationalbibliothek

Die Deutsche Nationalbibliothek verzeichnet diese Publikation in der deutschen Nationalbibliografie; detaillierte bibliografische Daten sind im Internet über http://dnb.d-nb.de abrufbar.

ISBN: 978-3-7379-1422-2

© 2015 GBI-Genios Deutsche Wirtschaftsdatenbank GmbH, Freischützstraße 96, 81927 München, www.genios.de

Alle Rechte vorbehalten. Dieses Werk ist einschließlich aller seiner Teile – z.B. Texte, Tabellen und Grafiken - urheberrechtlich geschützt. Jede Verwertung außerhalb der Grenzen des Urheberrechtsgesetzes bedarf der vorherigen Zustimmung des Verlags. Dies gilt insbesondere auch für auszugsweise Nachdrucke, fotomechanische

Vervielfältigungen (Fotokopie/Mikroskopie), Übersetzungen, Auswertungen durch Datenbanken oder ähnliche Einrichtungen und die Einspeicherung und Verarbeitung in elektronischen Systemen.